ENCORE
LA
COALITION!!!

SOUVENIRS HISTORIQUES

DE

L'ANGLETERRE

PAR

L. SCHAUER.

PARIS
E. DENTU, LIBRAIRE-ÉDITEUR,
PALAIS-ROYAL, 13, GALERIE D'ORLÉANS

1860

PARIS
MPRIMERIE RENOU ET MAULDE
RUE DE RIVOLI, 144.

SOUVENIRS HISTORIQUES

DE

L'ANGLETERRE

La Coalition !!! Mais qui donc a osé exhumer ce mot épouvantable ? La coalition ! mais c'est l'Étranger ! Et ce joug a quelque chose de si hideux, que l'indépendance nationale frissonne !

L'ÉTRANGER ! demandez donc à la France ce qu'est pour elle ce mot. A l'instant ses baïonnettes se hérissent, l'épée brille, cette épée toujours et partout victorieuse. Et la France est là, debout comme un seul homme !

Qui donc, à la face de la *France forte, forte du principe qu'elle représente, forte par son gouvernement, forte par ses élans généreux, mais forte aussi par son armée et par ses vaisseaux,* qui donc a lancé cette menace aussi abominable qu'elle est insensée ! L'Angleterre..... l'Angleterre..... l'Angleterre.....

« C'est un discours prononcé, il y a quelques

« jours, au Parlement, par lord John Russell, qui « fait soupçonner l'Angleterre de vouloir armer l'Eu-« rope contre nous. »

« Il est toujours utile, dit l'auteur de la brochure *la Coalition*, d'avoir présentes à la pensée les leçons de l'histoire ; c'est même un devoir de ne pas les oublier. »

C'est cette tâche que nous allons esquisser vigoureusement : il faut que l'Angleterre sache, une fois pour toutes, que sa domination n'est établie que sur une sorte d'accord passif de la part de toutes les nations à la laisser jouir seule des avantages qu'elle retire de leur indolence et de leurs discordes. Il faut qu'elle sache bien que la fin de cette domination ne tient nullement, comme elle pourrait le croire, à la nécessité d'un concert général pour rompre cet accord d'inertie. Il peut être rompu par l'énergie seule d'une grande puissance donnant l'éveil à celles qui sont plus à portée de suivre son exemple, et cette puissance, nous le disons avec un juste sentiment d'orgueil, c'est la **FRANCE** ! Et pourquoi? Avec la France, c'est la liberté ; avec l'Angleterre, c'est le despotisme ! et voilà pourquoi aussi, quoique nous ne dations que de 1815, nous n'avons jamais été partisan de l'alliance anglaise, et nous ne l'accepterons jamais, parce qu'il nous est impossible de lui pardonner le ROCHER DE SAINTE-HÉLÈNE !

L'Angleterre, *cette souveraine des mers*, n'avait point oublié le décret de **1807**, dans lequel l'empereur Napoléon disait, au sujet du droit de visite :

« Vu, etc.; attendu qu'il n'est au pouvoir d'aucun

gouvernement de transiger sur son indépendance et sur ses droits ; attendu que tous les souverains de l'Europe sont solidaires de l'honneur de leurs pavillons ; que ce serait une tache ineffaçable pour une nation, si elle supportait une pareille tyrannie, et que l'Angleterre *en prendrait acte pour en faire résulter un droit*, décrète :

« *Tout vaisseau qui aura souffert la visite est par cela même dénationalisé et a perdu la garantie de son pavillon.* »

Écoutez !

Napoléon quitte l'île d'Elbe et revient à la tête de la nation française ; il recommence ses glorieuses batailles dont chacune fournit un triomphe. Cette lutte fut, hélas ! le dernier reflet de cette gloire impérissable qui éclairera le monde jusque dans les âges les plus reculés. Et l'Angleterre osa faire captif le héros moderne ! Sans égards pour cette illustration unique comme le soleil, elle la jeta, de sa main haineuse, sur un roc, comme si elle eût oublié que plus est sombre le lieu où l'on enferme le génie, plus ses rayons projettent au loin une lumière éblouissante. Et l'Angleterre s'est fait appeler la magnanime, elle qui est l'ennemie avouée du commerce et de la félicité des peuples ; elle qui a chassé la religion catholique de son île, cette religion qui marche chez elle vivante encore, silencieuse et pleine de majesté ; l'Angleterre qui, sous le prétexte de bien public, a livré au bourreau ses princes et ses rois ; elle qui a brisé effrontément les pactes des nations ; elle dont l'orgueilleuse ambition couvre d'un œil avide et sec la surface du monde et des mers; l'Angleterre, pour qui les principes les plus sacrés ne sont que des prétextes abominables qui sortent de son esprit comme de noirs démons! L'Angleterre la *magnanime*, qui a fait tout cela, qui, à l'heure qu'il est, court encore, affublée d'astuce et d'hypocrisie, dans les cabinets européens; cette Angleterre, disons-nous, aurait respecté, traité avec humanité le géant des batailles, cet homme si grand à ses yeux, qu'un seul cheveu de sa tête qui eût remué l'aurait épouvantée! Mais non, mille fois non; ce génie, il fallait le tuer, et elle l'a tué.... Elle l'a tué aux yeux de l'Europe entière qui, oubliant ses malheurs et ne se souvenant que de la gloire de l'auguste prisonnier, a jeté un long cri de deuil.... Elle l'a tué en souvenir *de sa haine pour la France!*

Oh! que cet accueil triomphal, fait avec tant d'éclat par le gouvernement et par tout un peuple à un illustre cercueil a dû faire mal à l'Angleterre! C'est que ces nobles démonstrations semblaient lui dire que la France pardonnait, mais n'oubliait pas : elle l'a tué, ce héros diamanté de gloire de la tête aux pieds, et dont un membre du Parlement anglais avait osé dire à la tribune, au sujet de la bataille de Waterloo :

« Que me parlez-vous de Waterloo! C'est la fortune et le dieu protecteur de l'Angleterre qui ont vaincu dans cette terrible journée, et non votre général; car, d'un côté, commandaient le génie, la grandeur, le courage indomptable; de l'autre, la présomption, la sottise et l'orgueil. »

Et comme si ce n'était pas assez pour l'Angleterre,

il a fallu encore qu'elle trempât ses mains dans le sang d'un des plus glorieux lieutenants de Napoléon. Écoutons ici lord Byron, dans un de ses poëmes, *l'Age de bronze*, où il dit à ce même sujet :

« O sanglant et inutile Waterloo ! qui prouves que l'imbécillité peut avoir aussi son jour de succès quand une erreur la favorise, et quand la trahison combat avec elle ! »

Puis, apostrophant Wellington, il s'écrie :

« O Wellington ! l'Angleterre vous doit beaucoup, et, Dieu merci, elle vous paie bien. Vous avez acquis de grands honneurs et beaucoup de louanges, et si quelqu'un osait parler contre une gloire comme la vôtre, l'humanité se lèverait tout entière et crierait d'une voix de tonnerre : Ney ! »

En un mot, l'Angleterre a tué ces deux princes de la victoire !

L'Angleterre parle de méfiance, et elle menace de la coalition ! Entrons donc résolûment dans le domaine de l'histoire, et nous verrons qui, de la France ou de l'Angleterre, doit avoir de justes méfiances :

Au xe siècle, Edgar, roi d'Angleterre, rassembla quatre mille petits navires ; il se crut maître de la mer et voulut se faire appeler : *Empereur et seigneur de tous les rois de l'Océan et de toutes les nations qu'il renferme.*

Au XIIe siècle, Jean-sans-Terre fit une loi *pour exiger le salut de tous les vaisseaux étrangers, sous des peines corporelles.*

Au XVe siècle, Edouard Ier ordonna à ses officiers

de marine de maintenir *sa souveraineté sur les mers d'Angleterre.*

Au XVIIe siècle, Charles II fit frapper deux médailles portant pour inscription, la première : *L'empire des mers est en notre pouvoir ;* la seconde : *La mer lui sera soumise.*

On rapporte de l'empereur Charlemagne le trait suivant :

« Un jour, le prince vit les premières voiles des Normands qui s'éloignèrent en toute hâte de la côte que l'empereur protégeait de sa présence : Charlemagne se leva de table, se mit à une fenêtre qui regardait l'Orient, et y demeura longtemps immobile ; des larmes coulaient le long de ses joues ; personne n'osait l'interroger : Mes fidèles, dit-il, savez-vous pourquoi je pleure ? Je ne crains pas pour moi ces pirates ; mais je m'afflige que, moi vivant, ils aient osé insulter ce rivage. Je prévois les maux qu'ils feront souffrir à mes descendants et à leurs peuples ! » En effet, à la mort de Charlemagne, ces pirates firent trembler les rois de France sur leur trône, et cette prophétie ne fut malheureusement que trop vraie, que trop bien accomplie dans la suite.

Une nuit, Henri III s'imagina qu'il était au milieu d'une troupe de lions, de tigres, de léopards, prêts à le dévorer. Le lendemain, tout hors de lui-même et craignant les suites d'un songe qu'il aurait dû mépriser, il fit tuer en sa présence beaucoup d'animaux sauvages et étrangers qu'il entretenait. Cette tragédie le rassura, et, toute ridicule qu'elle était par son dénoûment, il la raconta le soir à ses courtisans ; l'un d'eux prit alors la liberté de dire au roi : « Sire, les animaux qui vous menacent ne sont point ceux de votre ménagerie, mais bien vos voisins, toujours disposés à vous nuire, et plus que tous les autres vos voisins maritimes ! ! !..... »

Malgré ces sages avis, l'État se perdit sous Henri III, « et comme sa nature, dit d'Aubigné, était molle, délicate et lubrique, son esprit et son courage faibles, ravalés, impatients de peine, toutes ses complexions inégales, trop basses pour être guerrières, il se tourna de tous points aux danses et voluptés efféminées que peut apporter une longue paix. »

L'État se perdit, malgré ces paroles déterminées du maréchal d'Aumont à Henri III : « Et Dieu, le pis est que tant plus nous ployons, tant plus on nous met le pied sur le ventre ; faites-nous combattre et mourir pour votre service ou nous chassez d'auprès de vous. »

Henri IV, maître de Paris, fixa les yeux sur la navigation, dont il sentait toute l'importance par les secours qu'il avait reçus d'Elisabeth d'Angleterre ; secours qui, dans la suite, furent chèrement payés, l'Angleterre n'ayant que trop fait sentir à la France sa supériorité sur mer. Alors la France était si faible qu'elle n'osait se ressentir des affronts qu'on lui faisait sans aucun ménagement. Qu'on en juge par ce trait :

« Maximilien de Béthune, duc de Sully, s'étant rendu à Calais avec des instructions secrètes pour passer en Angleterre, s'adressa à de Vic, gouverneur de cette place et vice-amiral de France, et s'embarqua sur son vaisseau, qui portait pavillon au grand mât. A peine y fut-il monté, qu'il aperçut deux flûtes qu'on envoyait au-devant de lui par distinction, et qui s'offrirent de le mener jusqu'à Londres. Mais ces flûtes ne voulurent point le recevoir que M. de Vic n'eût baissé pavillon, *pour rendre*, disaient les Anglais, *à celui de leur maître l'honneur qui était dû au souverain des mers ! ! !.....*

Il fallut se soumettre à cette loi si dure, si injuste et si humiliante. On ne pouvait faire autrement alors, et Henri IV vécut trop peu pour laver cet affront.....

Le roi de Danemarck ayant osé, en **1637**, troubler quelques bâtiments français qui faisaient la pêche des baleines, vers le Spitzberg, Louis XIII lui fit déclarer par le comte d'Avaux, son ambassadeur, « que toutes les mers étaient ouvertes à ses sujets, et qu'il saurait les maintenir dans une possession dont personne ne devait douter. »

La marine se rétablissait alors sous l'un de ces hommes rares, qui naissent quelquefois pour relever la gloire d'une nation, de même qu'il en paraît souvent d'autres pour en être l'opprobre. Le génie de Richelieu créait la marine

Louis XIV poussa encore plus loin son autorité, et il la fit valoir, non-seulement pour ses sujets, mais encore pour ses alliés. Le roi d'Angleterre, Charles II, voulant inquiéter les Hollandais et même les Français sur la pêche que faisaient les uns et les autres dans la Manche et au long des côtes de Flandre, Louis XIV chargea, en **1661**, le comte d'Estrades, son ambassadeur à Londres, de lui dire : « Qu'il avait tort d'étendre la défense de la pêche au préjudice du droit commun qui en donne la liberté à tout le monde; qu'outre l'intérêt qu'il y avait pour ses sujets, il ne pouvait se défendre de donner sa main en cette rencontre aux Hollandais ses alliés, ni leur refuser son entremise, ayant des forces maritimes si puissantes que personne au monde ne pourrait lui faire obstacle. » C'est ainsi que s'exprimait ce prince qui, guidé par d'utiles conseils, avait su se rendre supérieur en vaisseaux, et redoutable sur mer.

Sous son règne, la marine de France acquit, par des succès presque continuels, cette magnifique illustration qui lui mérita l'admiration de l'Europe.

En 1662, le comte d'Estrades reprocha à Charles II et au chancelier Hyde, son premier ministre, sa conduite arrogante à l'égard de MM. de Sully et de Vic. Ce reproche était occasionné par une lettre du 25 janvier de la même année, que lui écrivit Louis XIV, et qui était conçue dans les termes les plus forts. « Ni le « roi d'Angleterre, disait-il, ni ceux dont il prend « conseil ne me connaissent pas encore bien quand « ils prennent avec moi des voies de hauteur et d'une « certaine fermeté qui sent la menace. Je ne connais « puissance sous le ciel qui soit capable de me faire « avancer un pas dans un chemin de cette sorte ; et il « me peut bien arriver du mal, mais non pas une « impression de crainte. Je pensais avoir gagné dans « le monde qu'on eût meilleure opinion de moi; mais « je me console en ce que peut-être n'est-ce qu'à « Londres qu'on fait de si faux jugements. C'est à « moi à faire par ma conduite qu'elle ne demeure

« pas longtemps en de semblables erreurs !.... Cepen-
« dant il est vrai que rien ne m'est plus indifférent,
« parce que je prétends mettre bientôt mes forces de
« mer en tel état que les Anglais tiendront à grâces
« que je veuille bien alors entendre à quelques tem-
« péraments. Après tout, rien ne m'est à l'égal d'un
« point d'honneur où je croirais la réputation de ma
« couronne tant soit peu blessée, car, en pareil cas,
« bien loin de me soucier ni me mettre en peine de
« tout ce qui peut arriver, je serai toujours prêt de
« hasarder mes propres États plutôt que de commettre
« la moindre faiblesse qui ternît la gloire où je vise
« en toutes choses, comme au principal objet de toutes
« mes actions. »

C'est là penser et parler en roi.

Louis XIV savait que la principale richesse d'un État est la réputation, *si importante à un grand prince, qu'on ne saurait lui proposer aucun avantage qui puisse compenser la perte qu'il en ferait.*

Le 28 juin 1624, les Anglais vinrent s'établir à Saint-Christophe. Ils y trouvèrent quelques Français qui cherchèrent à mettre les Indiens dans leur parti et à s'opposer à l'établissement des Anglais. Mais ce petit nombre de Français opposa en vain le droit du premier occupant : ils perdirent leurs possessions.

Dans la guerre de 1755, le Gouvernement anglais força les matelots français prisonniers de servir dans ses armées navales contre leur patrie.

Avant la guerre de 1775, l'Angleterre avait pris à la France quatre cents vaisseaux et neuf mille matelots sans aucune déclaration de guerre. La plus grande partie de ces vaisseaux et de ces marins fut enlevée dans des *ports neutres*. Ces matelots eurent à subir les plus mauvais traitements.

Quelques années après, les Anglais font brûler sur les côtes de Lagos des vaisseaux français qui, aux termes des traités et selon toutes les lois de la guerre, devaient être en sûreté en Portugal.

En 1761, le gouvernement anglais rejetait, par l'organe de Chatam Pitt, avec autant d'insolence que d'inflexibilité, les offres que le ministre Choiseul faisait pour que la France fût acceptée comme médiatrice entre l'Angleterre et l'Espagne :

« *On n'entend pas*, dit l'Anglais hautain, *que la France, en aucun temps, ait le droit de se mêler de pareilles discussions entre la Grande-Bretagne et l'Espagne.* »

Quelles humiliations dans la guerre de 1756, qui fit perdre à la France la belle possession du Canada ! Quelle hauteur dans la négociation pour la paix de 1763, si avantageuse aux Anglais, et quelle déception dans le traité ruineux de commerce et de navigation en 1786, qui servit à compenser la perte de nos colonies !

En 1783, le gouvernement anglais s'oppose fortement à ce que la France conserve Trinquemale, théâtre de nos triomphes sous les ordres de Suffren, et le plus beau, le meilleur port de l'Inde, qui appartenait à la France par droit de conquête. L'Angleterre s'en empara, *afin*, disait-elle, *de ne troubler personne dans l'exercice de ses justes prétentions.* Trinquemale était le seul port de l'Inde qui ai[t] pu abriter des flottes nombreuses, et cela seul dit tout.

En 1789, les Marseillais avaient jeté un boulet dans la mer, jurant qu'il surnagerait au-dessus des flots, plutôt qu'ils ne renonceraient à la liberté. Tout le monde connaît le sort fait à cette ville par l'Angleterre, tandis que le duc Dorset proposait à Paris un projet d'alliance de la France avec l'Angleterre, *pour assurer,* disait-il, le repos de l'Europe.

En 1790, l'Angleterre trompa les Français avec les bateaux pêcheurs, dans lesquels elle avait substitué des canons à des filets, et des carabines à des rames. Ensuite elle fit capturer et saisir sur nos côtes tous les bâtiments pêcheurs.

En 1792, l'Angleterre fit plus encore : elle donna l'ordre de couler bas les barques des pêcheurs, sans permettre d'en retirer les hommes malheureux qui cherchaient leur subsistance dans ce genre de travail, et que les fureurs de la guerre avaient respectés jusqu'alors.

En 1793, l'Angleterre fait réunir, par un acte du Parlement, l'île de Corse au domaine de la Grande-Bretagne, et fait frapper des monnaies où le roi Georges est appelé *roi de Corse, comme il est roi de France* dans ses diplômes.

En 1793, Williams Pitt osa dire aux nations neutres, dont on avait restreint insolemment les droits et les formes de leur neutralité : *La France doit être détachée du monde commercial, et traitée comme si elle n'avait qu'une seule ville, qu'un seul port, et que cette place fût bloquée et affamée par terre et par mer !!!...*

On ne doit pas tirer en Europe un coup de canon, dans aucune partie du monde sur mer, sans la permission de la Grande-Bretagne !...

Et Pierre le Grand et Charles XII disaient que : si quelque royaume pouvait aspirer à maîtriser tous ceux qui l'environnaient, c'était la France !...

En 1793, l'Angleterre avait déjà arrêté et confisqué les vaisseaux neutres qui portaient des subsistances en France, et saisi sur mer tous les navires qui venaient dans nos ports ou en sortaient.

En 1793, l'Angleterre fit prendre des pavillons tricolores à des corsaires anglais, pour courir sur les vaisseaux des États-Unis, afin de nous aliéner d'anciens amis et alliés.

Un corsaire de Plymouth, portant pavillon hollandais, fit des signaux de détresse à la vue d'un port français, pour exciter l'humanité, appela des secours pour faire prisonniers ceux qui viendraient le secourir, et courut montrer sa proie à ses gouvernants, qui ne punirent pas un pareil attentat !

Quelques jours après, un véritable vaisseau hollandais se trouva, à la vue du même port de France, dans le plus pressant danger et fit inutilement des signaux de détresse. On le prit pour un corsaire anglais ; il ne reçut aucun secours. Le vaisseau périt !... Des hommes sauvés du naufrage dans la chaloupe, criaient avec raison à l'inhumanité, à la barbarie : « Vous avez entendu nos signaux, et vous nous avez laissés sans secours ! »

Les Français répondirent : « Si nous n'avons-pas fait ce que notre cœur nous inspirait, prenez-vous-en aux Anglais ; nous avons craint de tomber une seconde fois dans leur piége. La faute en est à la mauvaise foi d'un gouvernement qui autorise des trahisons aussi barbares, et qui applaudit à une ingratitude aussi révoltante. »

En 1793, trois cents matelots français sont assassinés sur une frégate française dans le port de Gênes, sous les batteries du fort et sous les yeux d'un peuple neutre.

Un capitaine de vaisseau anglais donnant des secours à un bâtiment neutre, prêt à périr, jette à la mer un de ces naufragés parce qu'il était *Français*, et porte la cruauté jusqu'à lui couper, avec son sabre, le bras avec lequel ce malheureux s'était accroché au vaisseau inhospitalier!...

Peu après, un pêcheur français (Romainville) aperçoit un bâtiment anglais qui, livré au roulis, allait être englouti dans les flots. Sans consulter la faiblesse de son bâtiment, Romainville vole au secours de ces malheureux, leur jette un câble et parvient à les remorquer jusque dans le port.

La France renvoya ces prisonniers sans rançon, prouvant ainsi au gouvernement anglais ses principes généreux.

En 1793, l'amiral Hood se présente pour prendre Toulon.

En 1794, dans le port génois de l'Anguille, des chaloupes et des canots anglais ont enlevé la bombarde *le Phénix*, capitaine Louis Ferrier.

En 1794, l'Angleterre envoya des troupes anglaises avec le duc d'Yorck, pour s'emparer de Dunkerque, et y renouveler la honte de la monarchie française, qui laissa démolir tous les forts du côté de la mer.

En 1794, dans la délibération du conseil extraordinaire, convoqué à Saint-James, Pitt, après avoir fait le résumé de la révolution française, conclut : *A la destruction totale de cette nation, qu'il fallait, selon lui, effacer entièrement du globe.*

Le vaisseau anglais *le Rodney,* après avoir lâchement refusé le combat à la voile avec la frégate française *la Sibylle,* fait feu pendant une heure et demie dans le port de Miconi, contre elle, fait perdre à la France quatre-vingt-trois braves marins, la frégate et trois bâtiments marchands, qui sont conduits en Angleterre !

Le 2 novembre 1797, lord Fitz-Williams conclut, dans son discours à la chambre des Pairs : *Que la sûreté de l'Angleterre exigeait qu'on ne pensât à aucun accommodement avec la France !*

Enfin, le 25 juillet 1800, la frégate danoise *la Freya,* qui escortait un convoi neutre dans la Manche, fut criblée de boulets pendant une heure, par quatre frégates anglaises, et conduite aux Dunes, parce qu'elle s'opposait à ce qu'*on visitât son convoi*.......

Et l'Angleterre qui s'est toujours peu souciée de l'équité de ses entreprises, pourvu qu'elles aient été soutenues par la force, l'Angleterre criera à la méfiance !

Elle qui, depuis deux cents ans, a donné à la France

six fois les maux de la guerre, en 1692, 1704, 1740, 1756, 1780 et 1790 !

Elle qui, à Toulon, a fait brûler nos vaisseaux ; en Vendée, armé Français contre Français ; dans ses prisons, fait périr de misère et de faim vingt-deux mille marins et soldats français prisonniers !!!.....

L'Angleterre, qui a imaginé de charger des canons avec du lard et des graisses qui, enflammés par l'explosion, embrasaient les vaisseaux et portaient sur le visage des combattants les marques de la noirceur de leurs ennemis, — inventé des machines infernales propres à incendier un port, des villes, des flottes entières, à l'instar de la machine employée contre Dunkerque !!!

L'Angleterre, qui a imaginé d'armer des corsaires, en leur donnant des doubles lettres de marque, anglaise et française ; — exercé à plusieurs époques les pirateries les plus dures sur les navires marchands français sans aucune déclaration de guerre et sans aucune des formes usitées parmi les nations civilisées !..

L'Angleterre, qui ordonnait de faire rentrer, chaque soir, à coups de baïonnettes, dans des cachots infects, nos matelots et nos soldats prisonniers, assassinait à coups de fusil ceux de nos marins détenus qui tentaient par la fuite d'échapper à leurs bourreaux, et lançait sur eux des chiens voraces dressés à les découvrir dans les bois !!!...

L'Angleterre, parler de méfiance ! elle qui, depuis des siècles, veut établir sur la mer un droit de confiscation générale et arbitraire ; visiter tous les navigateurs, s'emparer à son gré des bâtiments de tous les pays, les confisquer et arrêter les matelots des autres nations, soit pendant la paix, soit pendant la guerre !!!....

L'Angleterre, qui a toujours entendu traiter la mer en esclave et la faire servir à ses vues ambitieuses, à ses usurpations, la rendre complice de ses crimes, et faire croire aux nations que l'Océan n'est qu'un domaine britannique, un champ clos qu'elle seule peut exploiter, défendre et parcourir !!!....

L'Angleterre publier ses méfiances, elle dont le droit naturel a toujours été la force; son droit des gens, l'injustice; ses lois dans l'ambition, ses traités dans l'intérêt de son commerce, sa diplomatie dans la perfidie, dans son orgueil, et l'objet de sa haine, LA FRANCE, TOUJOURS LA FRANCE !!!

Eh bien ! oui, la France pardonne, mais elle n'oublie pas !!!

L'Orient, la Crimée et la Chine sont là, témoins glorieux et irrécusables de la loyauté et de la magnanimité de la France et de son Souverain. Où donc et quand l'Angleterre a-t-elle jamais trouvé un allié plus loyal, plus persévérant, plus indépendant des petites passions et des rancunes : il y a à peine deux ans que le parlement rendait solennellement cette justice à l'Empereur, comme elle lui sera rendue par l'histoire, et cet hommage nous l'avions accepté pour la France et son Souverain comme un honneur.

Et l'Angleterre publie ses méfiances, elle menace de la Coalition !!!

L'Angleterre s'écrie douloureusement : *O tempora,*

o mores ! Ah ! c'est que l'Empire diffère essentiellement de la monarchie de Juillet. Ici, l'honneur de la France, là, sa honte !!!

C'est que, et nous nous en souvenons, onze années et plus furent des années d'aveuglement et de lâchetés, pendant lesquelles le gouvernement a fait, jour par jour, les affaires de l'Angleterre, et conduit notre politique vis-à-vis d'elle à un point déshonorant pour la France !

Et tout cela a commencé en juillet 1830. On avait fait une révolution, et comme toutes les choses nouvelles sont charmantes, le Gouvernement d'alors était fort engoué de sa révolution, fort engoué et un peu embarrassé. Il fallait la faire reconnaître, il fallait faire entrer cette monarchie dans les faits accomplis de la diplomatie du monde. Sur ces entrefaites, on vit arriver les États-Unis et l'Angleterre qui lui donnèrent la main. Comme le Gouvernement était noble, généreux et désintéressé, il sut un immense gré à ces deux nations de se rapprocher de lui en un moment aussi solennel. Or, nous le disons franchement, il n'y avait pas de quoi. Les États-Unis, qui ne sont pas un pays sentimental, portèrent à la France une petite note de vingt-cinq millions qu'il fallut payer ; et l'Angleterre, qui est très-pieuse dans ses meetings, c'est vrai, mais qui est encore plus égoïste que pieuse, se fit signer le *droit de visite*, contre lequel la Restauration avait toujours noblement protesté !

Nous disons, nous, que nous avons de l'esprit ; l'Angleterre ne dit pas qu'elle en a, mais elle le prouve. Louis-Philippe, à vrai dire, était un roi constitutionnel, Napoléon III est empereur !

Aussi félicitons-nous sincèrement la France de s'être donné un tel maître, et cela sans demander permission à la défiante Angleterre.

A propos des États-Unis, est-ce que la Grande-Bretagne ne regardait pas jadis les colonies américaines comme l'artisan grossier de sa fortune, comme un peuple presque mercenaire qui devait s'estimer heureux de lui appartenir? « Si l'Amérique, disait milord Chatam, s'avisait de fabriquer un bas ou un clou de fer à cheval, je voudrais lui faire sentir tout le poids de la puissance de l'Angleterre! »

Puisse l'Amérique n'oublier jamais que l'Angleterre la regarde sans cesse comme un de ses esclaves échappés !

Mais comment l'Angleterre est-elle arrivée à ce degré d'égoïsme menaçant? C'est par le système maritime et colonial dû entièrement à la découverte du Nouveau-Monde. Deux phases distinctes s'offrent à nous dans le développement successif de ce système : les découvertes et la conquête : la prise de possession forme la première ; la culture, l'exploitation de la chose conquise ou acquise, le commerce, tels sont les phénomènes de la seconde. Jusqu'à ce jour, toutes les puissances continentales ont, tour à tour ou simultanément, concouru à l'accomplissement de ces faits. La troisième période se produira-t-elle ! à savoir : celle de la prépondérance d'une seule puissance et de l'absorption par elle de tous les éléments dont se compose le système maritime et colonial européen ?

Nous ne le pensons pas ; la France, par la haute sagesse de l'Empereur, a ouvert les yeux.

Les plus brillants chapitres de l'histoire du XVe et du XVIe siècle se rattachent à la première des périodes dont nous venons de parler; mais on y chercherait vainement autre chose que des expéditions romanesques et aventureuses, des scènes héroïques sur lesquelles l'avidité des vainqueurs ou le désespoir des vaincus jettent de temps à autre des voiles funèbres ; des récits merveilleux où l'imagination se plaît à exagérer la richesse des plages lointaines que l'Européen foulait avec étonnement. Ces faits semblent, de prime abord, tout à fait étrangers à la politique; ils s'y rattachent cependant par l'influence qu'ils devaient avoir sur la décadence de l'Espagne et sur les destinées de la Hollande.

Nous laisserons de côté les divers épisodes de cette première période pour pouvoir arriver plus promptement à signaler les causes de l'orgueil prépondérant de l'Angleterre. Ce fut seulement au XVIIe siècle que le rôle de l'Espagne et de la Hollande séduisit les autres puissances. L'Espagne avait puisé à pleines mains dans les mines du Nouveau-Monde ; la Hollande trouvait dans son commerce avec les Indes une source de richesses qui l'avait mise, en peu de temps, au premier rang des peuples navigateurs ; mais le point de vue politique de ces grandes relations échappait encore aux hommes d'Etat, et ils n'en voyaient que les résultat matériels. Les longues conférences qui précédèrent le traité de Westphalie, nous prouvent amplement cette vérité. Toutes les puissances maritimes de l'Europe intervinrent, en effet, dans ces négociations, à *l'exception de l'Angleterre seule*, et il n'y fut discuté rien de relatif aux intérêts maritimes.

La seule circonstance de l'absence de l'Angleterre dans ce congrès, où toute l'Europe était représentée, et qui repoussa l'intervention du cabinet britannique, comme un incident sans importance, nous montre suffisamment qu'à cette époque *la politique continentale était tout, et le système maritime rien.*

Alors, cependant, l'Angleterre avait une marine marchande, des vaisseaux de guerre, des amiraux habiles; elle avait gagné des batailles navales; les autres nations, de leur côté, n'étaient pas au-dessous d'elle. Don Juan détruisait la flotte ottomane à Lépante, les vents dispersaient la grande armée qui devait conquérir l'Angleterre, les mers étaient couvertes de mille pavillons, mais tous ces éléments étaient désunis et sans aucune espèce de corrélation entre eux. Il n'y avait pas encore de système, il n'y avait pas encore de guerres maritimes.

Le véritable fondateur du système maritime, l'auteur des guerres maritimes de l'Europe, fut Cromwell. Considérant la position isolée de l'Angleterre, et le caractère à la fois actif et tenace de ses habitants, il conçut l'idée de constituer leur industrie dans un état permanent de conspiration et de guerre contre toutes les industries; il s'agissait pour cela de séparer à jamais leurs intérêts de ceux de l'Europe, de les lancer seuls dans une carrière où le bénéfice du premier essor ne devait laisser à leurs rivaux que le désavantage d'une concurrence tardive et mal concertée.

Cromwell proclama donc l'*acte de navigation;* par cette mesure hardie et décisive, il plaça le commerce de sa nation dans une position constante d'inimitié et de jalousie à l'égard du commerce des autres peuples.

Quand cet acte fameux n'aurait eu pour résultat que celui d'imprimer un mouvement général d'émulation, une impulsion vigoureuse et une direction uniforme au commerce anglais, il eût beaucoup fait pour la prospérité de l'Angleterre; l'Europe alors était livrée à des guerres sans fin, à des rivalités politiques, dont les gouvernements eux-mêmes ne retiraient aucun avantage ; mais l'*acte de navigation* eut des résultats d'une bien plus haute importance.

Cet acte blessait par ses injonctions impératives la dignité des cabinets européens ; mais, à cette époque, toute notion des intérêts et des droits commerciaux manquait aux hommes politiques, et aucune voix ne s'éleva pour réclamer contre les envahissements de la Grande-Bretagne. Ce silence l'enhardit dans son œuvre, et fut pour elle un précédent derrière lequel sa fierté se retrancha. Lorsque, plus tard, quelques faibles protestations se firent entendre, un autre effet de l'acte de navigation en Angleterre a été d'unir indissolublement l'intérêt de l'État à l'intérêt commercial de la nation : le premier au second, par les fruits d'une riche et abondante perception de taxes ; le second au premier, par l'assurance d'une protection signalée. De là cette constante étude dans le Gouvernement de découvrir, de développer, de favoriser tout ce qui peut étendre la sphère des spéculations commerciales, augmenter leur activité, éloigner l'étranger du partage de leurs produits; de là le soin constant d'élever au sein de la nation l'intérêt commercial, la considération commerciale, l'influence commerciale au-dessus de toutes les influences, de toutes les considérations, de tous les intérêts ; de là enfin le dévouement du commerce aux vues de puissance et d'agrandissement du Gouvernement qui le protège, et, par l'ascendant que le commerce exerce à son tour sur toutes les autres professions, le fanatisme de la nation anglaise pour les actes de son Gouvernement.

Aussi avons-nous vu sur tous les marchés, dans tous les comptoirs, les négociants européens, désunis, isolés, sans protection efficace de leurs gouvernements respectifs, écrasés dans des luttes inégales par une corporation riche de ses propres ressources, de son crédit, de ses relations étendues, mais plus riche encore par la confiance qu'elle avait dans la direction et l'emploi des forces consacrées à sa défense.

Par suite de cet accord, le gouvernement anglais, calculant à la fois et sa position qui le met à l'abri de toutes les ambitions continentales, et les ressources qu'il peut retirer des subsides de son négoce, coordonne les vues de sa politique à toutes les vues d'extension, de progression et d'invasion du commerce national. Il cherche, dans tous les sujets de discordes qui peuvent désunir les états du continent, une occasion de les affaiblir par leurs propres luttes ; il s'entremet au besoin dans les démêlés politiques pour les aigrir, pour faire peser successivement sur toutes les parties de l'Europe le poids de son intervention, pour y altérer sans cesse le système des rapports existants, pour y faire naître de fausses combinaisons, pour y créer ainsi un équilibre partiel, éphémère et opposé aux principes de l'équilibre général. Il profite de la désunion d'une multitude d'intérêts presque tous opposés, afin de faire prévaloir, par la persévérance et l'uniformité de ses poursuites, un intérêt toujours distinct, toujours présent à ses yeux, celui de sa puissance, rivale de toutes les puissances.

C'est ainsi que l'Angleterre, se posant toujours son propre bien-être pour but unique, n'ayant d'autre mobile qu'un appétit de trafiquant; s'inquiétant uniquement de sa prospérité, sans se demander si la civilisation des autres peuples ne souffre point de ces absorptions incessantes, si le sang vivace qu'elle fait refluer dans ses artères, n'épuise pas les autres membres du corps social; c'est ainsi, disons-nous, qu'elle en était venue à rompre à volonté, à plaisir même, tout équilibre sur le continent, et à violer la grande loi du travail, qui nous convie tous à partager également les fruits de la civilisation.

Depuis longtemps, la France, pour combattre ce système exclusif et anti-civilisateur, malgré les chaleureuses protestations du contraire de la part de l'Angleterre, aurait dû adopter une politique tout opposée, c'est-à-dire réunir autour d'elle tous les éléments épars qui achèveraient de se décomposer dans un plus long isolement, substituer l'intérêt commun de tous à l'intérêt égoïste d'un seul, et arriver ainsi à refaire le système colonial et maritime de l'Europe par la réédification du système continental lui-même.

L'Angleterre avait évidemment compté sans l'Empire, et fort heureusement pour l'Europe comme pour la France, le génie de Napoléon III est là, comme partout, planant avec calme et sagesse sur les destinées présentes et à venir des peuples.

Placés sous son égide tutélaire et vigilante, nous n'entrerons plus dans cette troisième période dont nous parlions en commençant, savoir : celle de la prépondérance d'une seule puissance et de la concentration, à son profit, de tous les faits qui constituent le système maritime et colonial.

Et l'Angleterre ose menacer la France de coalition!!!

Mais, comme le dit l'auteur de la brochure *la Coalition*, et à qui nous venons spontanément et franchement donner la main, le cœur et la pensée comme à une sœur, « *nous sommes loin de Waterloo; nous ne sommes plus fatigués, épuisés, ruinés par vingt ans de guerres héroïques. Nous avons profité des quarante-cinq ans de paix que la Providence nous a donnés, pour refaire nos forces, pour retremper notre patriotisme. Nos guerres d'Afrique ont occupé les loisirs de la plus vaillante armée de l'Europe, et l'ont disciplinée à la victoire. Nous avons de fort bonnes carabines qui portent loin et juste, et des canons qui peuvent balayer les hommes à trois et quatre kilomètres de distance. Notre armée a six cent mille hommes, et si nos frontières étaient menacées, il y aurait en France autant de soldats que de Français.*

« *Nous pouvons aussi lutter sur mer. Nous avons*

fait construire des vaisseaux gigantesques, blindés de fer, herissés d'un triple rang de canons; nous avons de solides chaloupes canonnières; enfin, une marine puissante et des marins, ce qui nous manquait autrefois.

« *Et nous connaissons les hontes et les malheurs de l'invasion. Un historien national vient encore de nous remettre sous les yeux les tristes épisodes de cette époque néfaste. Nous ne les avions pas oubliés. Ce terrible enseignement nous est resté sur le cœur, et l'Europe serait épouvantée si elle savait de quelle héroïque et passionnée résistance nous sommes capables pour ne pas subir de nouveaux affronts.* »

Oui, sœur, tu as raison; ce jour-là, l'imbécillité n'aurait certainement pas son jour de succès; ce jour-là, il y aurait en France autant de soldats que de Français; il y aurait jusqu'aux vieillards, jusqu'aux enfants; il y aurait même des épouses, des mères, et jusqu'aux jeunes filles pour défendre le sol sacré de la patrie! Et l'Angleterre ose menacer la France de coalition!!!

Mais l'Angleterre ne se souvient donc plus ni de 1813 ni de 1814? Alors, toutes ses ressources étaient épuisées, la misère des classes ouvrières était au comble, la dette dépassait 22 milliards, et, malgré son invincible patience et ses intarissables trésors, elle eût infailliblement succombé, si la trahison n'avait pas abattu celui qui, jusque-là, avait été l'arbitre des destinées de l'Europe.

L'Angleterre ne se souvient plus; mettons-lui sous les yeux le relevé suivant, que nous empruntons aux documents officiels anglais. Il témoignera des efforts inouïs qu'avait faits l'Angleterre pour maintenir la coalition.

En vingt-deux ans, de 1793 à 1814, la somme totale des prêts et subsides payés par l'Angleterre aux puissances continentales s'éleva à *un milliard cent cinquante-sept millions quatre cent vingt-cinq mille francs*, dont plus des deux tiers furent fournis de 1806 à 1814.

Voici, au surplus, le relevé par année; nous le donnerons ensuite par puissance :

En 1793.	20,800,000 fr.
1794.	63,800,000
1795.	143,125,000
1796.	823,000
1797.	42,125,000
1798.	3,175,000
1799.	21,250,000
1800.	65,325,000
1801.	17,250,000
1802.	7,125,000
1803.	5,300,000
1804.	2,575,000
1805.	900,000
1806.	14,900,000
1807.	21,475,000
1808.	72,450,000
1809.	64,675,000
1810.	52,775,000
1811.	59,200,000
1812.	97,725,000
1813.	169,650,000
1814.	211,000,000
Total. . .	1,157,425,000 fr.

Cette énorme prime, soldée par l'Angleterre à la Coalition, s'est répartie entre les puissances alliées dans les proportions et pendant les années suivantes :

Au Hanovre, de 1793 à 1795, et de 1803 à 1807, 57 millions. — A la Prusse, en 1794, 1807, 1813 et 1814, 84 millions. — A la Suède, en 1804, 1808, 1809, 1812, 1813 et 1814, 95 millions. — A l'Espagne et au Portugal, en 1801, 1803, et de 1808 à 1814, 363 millions. — A la Sardaigne, en 1793, 94 et 95, en 1801 et 1802, 15 millions. — A la Sicile, de 1808 à 1814, 65 millions. — A l'empire d'Autriche, en 1795, 1797, 1800, 1801, 1806, 1809, 1813 et 1814, 240 millions. — Aux divers États allemands, 120 millions. — A la Russie, de 1779 à 1803, en 1807, 1813 et 1814, 118 millions. — Total : 1,157 millions !!!!! . . . .

Et l'Angleterre parle de Coalition ! Mais demandez, demandez-la donc ! Pas une tête couronnée, petite ou grande, ne vous répondra ! Toutes savent à quoi s'en tenir et sur vos principes et sur votre politique.

Et l'Angleterre ose parler de Coalition, elle qui n'a plus la confiance de l'Europe ! Sa haine même, sa vieille et laide haine traîne terre à terre ! Qui donc, si elle venait à mendier la Coalition, se résignerait lâchement à lui tendre la main ?

Qu'on le croie bien, du moment qu'on aura ôté à l'Angleterre ses moyens de corruption en Europe et ses moyens d'esclavage, *elle si civilisée et si libérale* partout où elle plante ses étendards, l'Angleterre s'écroulera et disparaîtra au cri de joie de tous les peuples qui, lassés de son orgueil et de ses prétentions despotiques, applaudiront unanimement à sa chute!

Voici ce que nous écrivions (1) au sujet du retour des cendres de l'Empereur : « Et aujourd'hui que les cendres de Napoléon vont rentrer en France, craignons que les stipulations d'un marché avantageux ne leur servent d'escorte (2).....

« Dans tous les cas, l'Angleterre ne connaît pas la valeur du trésor qu'elle remet à la France! Elle lui met à la main l'épée la plus formidable; car, si son ambition osait s'annoncer avec hauteur et demander du déshonneur, ces cendres précieuses réveilleraient la France, et sa gloire passée serait une garantie pour sa gloire future, protégée qu'elle serait de nouveau par l'ombre du grand homme. »

Aujourd'hui, Napoléon Ier repose sur ces bords de la Seine qu'il a tant aimés, et au milieu de ses vaillants soldats; et l'empereur Napoléon III a son trône aux Tuileries, entouré de l'admiration de tous les peuples et surtout de la France!

L'Aigle n'a plus rien à craindre du Léopard britannique! L'un habite les cieux et l'autre les forêts!

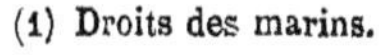

(1) Droits des marins.

(2) Le droit de visite.

Paris. — Imprimerie Renou et Maulde, rue de Rivoli, 144.

www.ingramcontent.com/pod-product-compliance
Ingram Content Group UK Ltd.
Pitfield, Milton Keynes, MK11 3LW, UK
UKHW020218180726
13838UKWH00005B/2071